Electricidad

Hugh Westrup

Asesores

Pearl Tesler
Profesora de física
City College of San Francisco

Paul Kostek
Dueño, Air Direct Solutions,
Seattle

Michael Patterson
Ingeniero en sistemas principal

Créditos de publicación

Rachelle Cracchiolo, M.S.Ed., *Editora comercial*
Conni Medina, M.A.Ed., *Gerente editorial*
Diana Kenney, M.A.Ed., NBCT, *Editora principal*
Dona Herweck Rice, *Realizadora de la serie*
Robin Erickson, *Diseñadora de multimedia*
Timothy Bradley, *Ilustrador*

Créditos de las imágenes: pág.6 Album / Prisma /
Newscom; pág.9 ArSciMed / Science Source; pág.7 David
Sanger Photography / Alamy; pág.25 George Grall /
National Geographic Creative; págs.4, 5, 8, 9, 11, 13, 17,
21, 24, 30, 32 iStock; págs.28, 29 Janelle Bell-Martin; pág.7
Mary Evans Picture Library / Alamy; pág.21 Timothy J.
Bradley; págs.23, 27 Wikimedia Commons; las demás
imágenes cortesía de Shutterstock.

Teacher Created Materials

5301 Oceanus Drive
Huntington Beach, CA 92649-1030
http://www.tcmpub.com

ISBN 978-1-4258-4697-8
© 2018 Teacher Created Materials, Inc.

Contenido

Contar con la energía

Fue el 14 de agosto del 2003, al anochecer. Una gran parte del este de América del Norte sufrió un apagón. Más de 50 millones de personas no tenían electricidad. Los servicios de telefonía celular no funcionaban. Los semáforos tampoco. Los trenes y metros se frenaron en sus vías. Las estaciones de servicio no podían dispensar combustible. Los negocios tuvieron que cerrar.

La noche trajo más problemas. Los alimentos refrigerados comenzaron a dañarse. Las personas tuvieron que usar velas y linternas para ver en la oscuridad. Los trabajadores varados tuvieron que dormir en bancos en los parques. Los mineros quedaron atrapados bajo tierra toda la noche.

Antes

Gran parte de la energía se restauró a los dos días. Pero el apagón recordó a las personas cuánto la vida moderna necesita la energía eléctrica. Casi todo lo que hacemos requiere electricidad. La necesitamos para viajar. La necesitamos para comunicarnos. La necesitamos para cocinar, para calentar y para iluminar.

Pero, ¿qué es la electricidad?

Después

Primeros estudios

No siempre estuvo claro qué era la electricidad o qué la causaba.

Tales fue el primer científico en estudiar esta gran **fuerza**. Vivió hace más de 2,500 años en Grecia. Tales trabajó con piezas de ámbar. El ámbar es una resina dura y dorada formada por los árboles. Tales frotó el ámbar con un trozo de tela. Esto le dio el poder de atraer pedacitos de paja. Estos fueron los estudios iniciales de la electricidad estática. Tales no supo lo que sucedía, pero pudo ver su poder.

En 1820, el científico Hans Christian Oersted descubrió que una aguja magnética se alineaba con un alambre electrificado. La relación que existía entre el magnetismo y la electricidad no era del todo clara. Pero parecía que la **corriente** del alambre actuaba sobre la aguja a pesar de que no se tocaban. En 1831, Michael Faraday comprobó que mover un imán a través de un bucle de alambre creaba un **campo** eléctrico. El alambre se electrificaba.

Los científicos sabían que estaban por descubrir algo, aunque todavía no sabían bien qué era. Finalmente, en la década de 1860, James Clerk Maxwell demostró cómo la electricidad y el magnetismo estaban relacionados. ¡Y el mundo se electrizó con nuevas ideas!

Hans Christian Oersted demuestra la reacción de una aguja ante un alambre electrificado.

El ámbar es resina vegetal fosilizada. A veces quedan insectos atrapados en la pegajosa resina cuando se fosiliza.

Autodidacta

Inicialmente, los científicos se mostraron escépticos hacia el trabajo de Faraday. Faraday no tenía educación universitaria y no podían creer que un científico autodidacta pudiera descubrir algo que ellos no habían podido. Pero finalmente, Faraday probó que su trabajo era correcto.

Electrones en movimiento

La electricidad continúa fascinando a los científicos más de dos mil años después de Tales. Pero en la actualidad, se comprende mejor. Toda la materia está compuesta por partículas llamadas *átomos*. Los átomos componen todo, desde nuestras orejas hasta el aire que respiramos. Son muy pequeños. Miles de millones de átomos pueden caber en el punto que está al final de esta oración.

Hubo un tiempo en el que se creía que un átomo era la cosa más pequeña que existía. De hecho, la palabra *átomo* proviene de la palabra griega *atomos*, que significa "indivisible". Lo cierto es que cada átomo puede dividirse. Un átomo está compuesto por partes más pequeñas llamadas *protones*, *neutrones* y **electrones**. Los protones y neutrones forman el núcleo que está en el centro del átomo. Los electrones son más pequeños y livianos. Se mueven aleatoriamente alrededor del núcleo en secciones llamadas **orbitales**.

Los protones tienen una carga positiva. Los electrones tienen una carga negativa. Los neutrones no tienen carga. La mayoría de los átomos tienen la misma cantidad de protones y electrones. Un átomo de azufre tiene 16 de cada uno. Un átomo de cobre tiene 29 de cada uno. Un átomo de plata tiene 47 de cada uno. Las cantidades iguales ayudan a equilibrar las cargas. Las cargas negativas y positivas son iguales. Entonces, el átomo tiene una carga neutral.

Pero en algunas ocasiones, ese equilibrio se altera. ¡Y es entonces cuando se crea la electricidad!

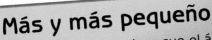

Más y más pequeño

Hoy en día, los científicos saben que el átomo no es la partícula de materia más pequeña y que se puede dividir. Aún están en busca de la partícula de materia más pequeña. Algunos científicos creen que la materia puede dividirse indefinidamente. Significa que puedes continuar dividiendo la materia para siempre.

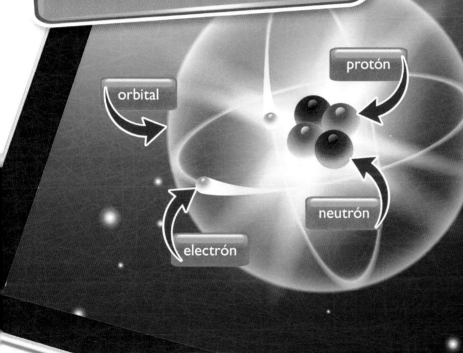

orbital

protón

electrón

neutrón

Los extraños cuarks

Los cuarks son partículas que tienen solo una parte de una carga. Se combinan en grupos para formar protones y neutrones. Existen seis tipos diferentes de cuarks: *arriba, abajo, extraño, encanto, fondo* y *cima.*

Los electrones son partículas activas. Pueden saltar de un átomo a otro. Hasta pueden brincar de un objeto al otro. En ocasiones, los átomos de un objeto pierden electrones. Entonces, ese objeto tiene una carga positiva. El otro objeto gana electrones. Desarrolla una carga negativa. La electricidad estática es la acumulación resultante de una carga en un objeto.

Cuando el flujo de electrones es constante, crea una corriente. Esto es lo que proporciona energía para nuestro mundo moderno. Puedes imaginar la corriente como agua que fluye. Hace mucho tiempo, usábamos el agua para proporcionar energía para las máquinas y hacer diferentes tipos de tareas. Hoy en día simplemente accionamos un interruptor. Usamos la electricidad para dar energía a los televisores, las herramientas y más.

El agua en movimiento, al igual que la electricidad, tiene dos **propiedades**: **presión** y flujo. Una manguera de incendios puede lanzar agua a gran velocidad. La presión intensa mueve el agua.

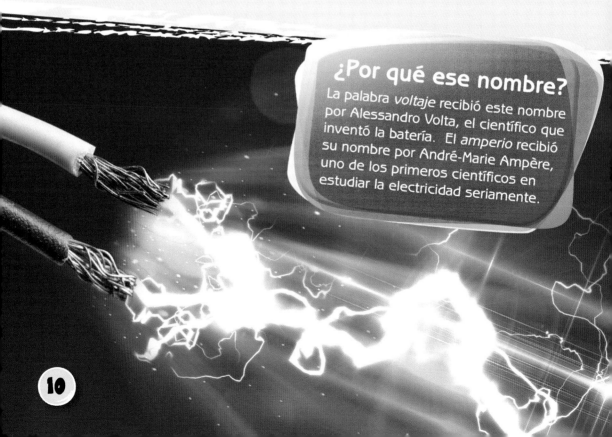

¿Por qué ese nombre?

La palabra *voltaje* recibió este nombre por Alessandro Volta, el científico que inventó la batería. El amperio recibió su nombre por André-Marie Ampère, uno de los primeros científicos en estudiar la electricidad seriamente.

Un bebedero tiene presión baja. En la electricidad, el **voltaje** es la presión. Empuja una corriente eléctrica a través de un cable. En una manguera, el agua se desplaza desde áreas de presión alta hasta áreas de presión baja. En la electricidad, los electrones viajan entre áreas con diferentes cargas eléctricas. Un voltaje alto significa que los electrones saltan más frecuentemente entre los átomos.

El flujo del agua es la cantidad que sale del bebedero o la manguera. El flujo es también una propiedad de la electricidad. En electricidad, el flujo se mide en **amperios**. Esta es la cantidad de electrones que fluyen después de un punto por segundo. Un flujo potente de electrones genera una corriente fuerte. ¡Tssss!

La electricidad fluye como el agua de una manguera o grifo. Tiene presión y flujo.

La energía eléctrica de un objeto se mide al multiplicar voltaje y amperios. Un voltaje más alto y más amperios significan más energía. La energía eléctrica se mide en **vatios**. Un vatio es el índice de energía que se transfiere, genera o consume. En otras palabras, muestra cuánta energía se necesita para que algo funcione o cuánta energía puede generarse.

Para averiguar cuánta energía usa una tostadora, multiplica la energía que usa por el tiempo que está encendida. Entonces, si usas una tostadora de 1,000 vatios durante 1 hora, multiplica 1,000 vatios por 1 hora. Luego, observa los números. No medirías un campo de fútbol americano en pulgadas, ¡en yardas tendría más sentido! De la misma forma, la energía no se mide generalmente en vatios por hora. Se mide en unidades más grandes llamadas *horas kilovatio*. (1,000 vatios por hora = 1 kilovatio por hora). Entonces dividimos por 1,000. Esto significa que si una tostadora de 1,000 vatios está encendida durante 1 hora, usa 1 hora kilovatio.

$$\frac{1{,}000 \text{ horas vatios}}{1{,}000} = 1 \text{ hora kilovatio}$$

La electricidad de un relámpago es suficiente para darle energía a un hogar promedio durante una semana.

Los nadadores trabajan duro para abrirse camino en el agua. Luchan contra la resistencia del agua. De la misma forma, la corriente eléctrica no corre libremente por los cables. Cuando la corriente viaja a través de los cables, encuentra resistencia. Cuando la resistencia aumenta, disminuye la corriente. Como consecuencia, disminuye la energía. Una forma de aumentar la corriente es al aumentar el voltaje. Por ejemplo, las compañías de automóviles pueden hacer que los automóviles eléctricos viajen más rápido aumentando el voltaje de la batería. Esto aumenta la energía del automóvil.

voltios x amperios = vatios

Energía hámster

¿Qué puede hacer por ti un generador? Un niño de 16 años en Inglaterra conectó una rueda de hámster a un pequeño generador eléctrico. Cuando la mascota del niño corría en la rueda, el movimiento giratorio encendía el generador. El niño usó la corriente para recargar su teléfono celular.

Controlar la corriente

La electricidad causa una gran impresión en las personas. Pero en realidad solamente es útil si podemos controlarla. Las ciudades modernas dependen de una red de cables llamada *red eléctrica*. La red transporta la corriente a toda la ciudad. Una planta de energía o una presa crean la electricidad que cruza por la tierra en un enorme tendido eléctrico. Líneas más pequeñas se ramifican desde las líneas principales. Llevan la electricidad por encima o por debajo de la tierra a los edificios.

Las represas y plantas de energía producen corrientes de hasta 800,000 voltios de electricidad. Pero los dispositivos eléctricos que usamos a diario no pueden recibir voltajes tan altos. Un secador de pelo usa apenas 120 voltios. Si recibiera 800,000 voltios, explotaría. Entonces cada red eléctrica tiene transformadores que "disminuyen" la corriente eléctrica. Reducen el voltaje. Una serie de transformadores disminuye el voltaje hasta que puede usarse para la vida diaria.

¡Es un sistema poderoso!

Tssss, crac, paf

¿Alguna vez has escuchado un sonido de chisporroteo o has visto una luz azul cerca de un tendido eléctrico? Cuando hay humedad en el aire, el tendido eléctrico de alto voltaje puede producir un tipo de chispa eléctrica.

Conductores

Una forma de controlar la electricidad es mediante la cuidadosa elección de los materiales que usamos para construir máquinas y electrodomésticos. Algunos materiales pueden transportar una corriente eléctrica. Los electrones saltan fácilmente entre los átomos en estos materiales. Estos materiales se llaman **conductores**. Los metales son los conductores más comunes. El aluminio es un buen conductor. El cobre y la plata también. Es por esto que los cables eléctricos con frecuencia están hechos de largas y delgadas tiras de cobre.

Una corriente eléctrica se mueve a través de un conductor en una reacción en cadena. Un electrón salta del primer átomo al segundo átomo. Un electrón del segundo átomo salta a un tercer átomo. Un electrón del tercer átomo salta a un cuarto átomo. ¡Tsssss! ¡Tsssss! ¡Tsssss! ¡Tsssss! Y así sigue.

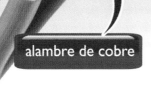

alambre de cobre

Dirección de la corriente ⟶

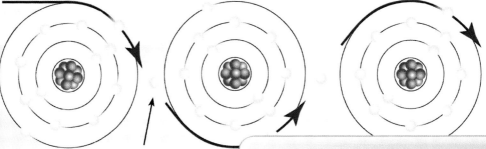

electrón libre

Los electrones que saltan de un átomo al otro crean una corriente.

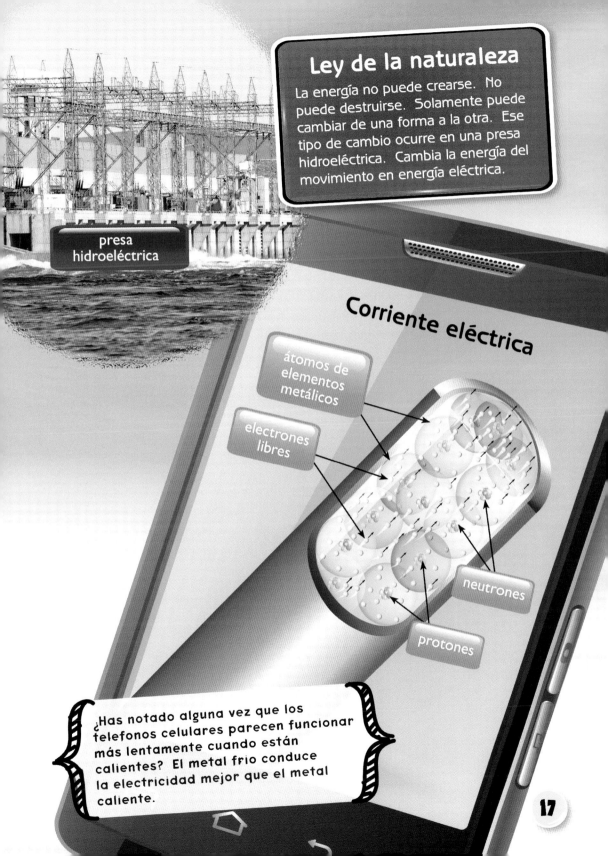

Ley de la naturaleza

La energía no puede crearse. No puede destruirse. Solamente puede cambiar de una forma a la otra. Ese tipo de cambio ocurre en una presa hidroeléctrica. Cambia la energía del movimiento en energía eléctrica.

presa hidroeléctrica

Corriente eléctrica

átomos de elementos metálicos

electrones libres

neutrones

protones

¿Has notado alguna vez que los teléfonos celulares parecen funcionar más lentamente cuando están calientes? El metal frío conduce la electricidad mejor que el metal caliente.

Aislantes

Algunos materiales no transportan corrientes eléctricas. Tienen átomos que no son como los átomos de un conductor. No sueltan libremente los electrones. Un conductor deficiente se llama **aislante**. La madera, el vidrio, el papel, el caucho y el plástico son todos aislantes.

Los aislantes son tan útiles como los conductores. Una corriente eléctrica puede ser peligrosa. Puede darte una descarga. Hasta puede matarte. Por esto los cables y dispositivos eléctricos están cubiertos de un aislante. Protege a las personas de algún daño.

aislante de caucho

¡Demasiada energía!

Ningún aislante es perfecto. Cuando se aplican voltajes superelevados, puede ocurrir una falla en el aislamiento eléctrico y el aislante puede convertirse de repente en un conductor. Cuando esto sucede, hay un gran aumento en la corriente; la electricidad escapa y produce arcos eléctricos con otros materiales. El relámpago es un arco eléctrico natural.

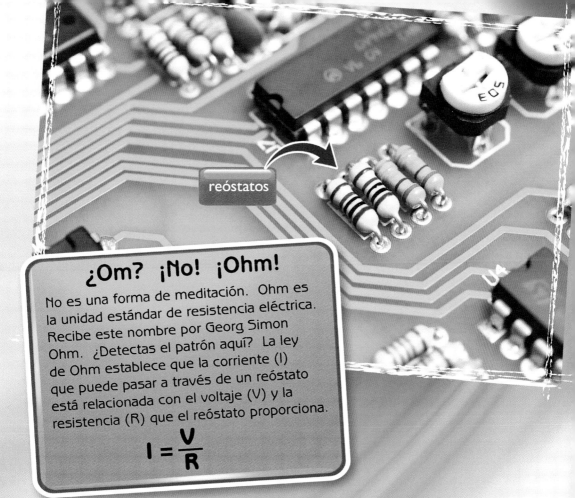

reóstatos

¿Om? ¡No! ¡Ohm!

No es una forma de meditación. Ohm es la unidad estándar de resistencia eléctrica. Recibe este nombre por Georg Simon Ohm. ¿Detectas el patrón aquí? La ley de Ohm establece que la corriente (I) que puede pasar a través de un reóstato está relacionada con el voltaje (V) y la resistencia (R) que el reóstato proporciona.

$$I = \frac{V}{R}$$

Reóstatos

Los **reóstatos** son materiales que tienen una alta resistencia a otra cosa. Los electrones se mueven en los reóstatos, pero no tan fácilmente como lo hacen en los conductores. Los reóstatos reducen el flujo de la corriente. También reducen los niveles de voltaje. Crean resistencia, igual que cuando las corrientes se mueven a través de los cables... ¡pero más! Algunos reóstatos detienen grandes cantidades de corriente y otros le hacen pequeños cambios a una red eléctrica. Los reóstatos son una parte importante de la caja de herramientas de un electricista.

Circuitos

Piensa en un modelo de un tren. Imagina que corre y corre en círculos por la vía. Si rompes la vía, el tren se detiene. La electricidad es como ese modelo de tren. Una corriente eléctrica no sigue un trayecto recto. Se mueve en una trayectoria circular. Ese círculo se llama **circuito**. Si rompes el circuito, la corriente se detiene.

Diseñar circuitos grandes y pequeños es otra forma de controlar la electricidad. Nuestro mundo electrificado es una serie de circuitos. Las redes eléctricas son circuitos gigantes. Transportan potentes corrientes desde las plantas eléctricas hasta las comunidades. Luego, devuelven la corriente a las plantas eléctricas. Tu hogar es una red de pequeños circuitos. Conectas una tostadora a un tomacorriente en la pared. El cable que está entre el tomacorriente y la tostadora en realidad son dos cables en uno. Un cable lleva una corriente eléctrica desde el tomacorriente hasta la tostadora. El otro cable lleva la corriente de vuelta al tomacorriente. Eso completa el circuito.

tablero de circuito

Los interruptores son una parte esencial de los circuitos. Generan o rompen los circuitos. Cuando se enciende un interruptor, el circuito está completo. Fluye una corriente a través de él. Cuando se apaga un interruptor, el circuito está incompleto. La corriente ya no puede fluir.

Haz el tuyo

¿Quieres hacer tu propio circuito? No necesitas un lujoso tablero para hacerlo. Pídele a un adulto que te ayude a mezclar dos tandas de masa, una salada y una dulce.

La masa salada conduce la electricidad. La masa dulce resiste la electricidad. Conéctalas con cables, agrega una batería y una bombilla eléctrica ¡y ya tienes un circuito!

Masa salada

Mezcla los ingredientes en una cacerola a fuego medio. Una vez que se forme una bola, amásala hasta que se forme una masa.

- $\frac{1}{4}$ de taza de sal
- 1 cucharada de aceite vegetal
- 1 taza de agua
- $1\frac{1}{2}$ tazas de harina
- 3 cucharadas de cremor tártaro
- colorante de comida azul

Masa dulce

Separa $\frac{1}{2}$ taza de harina. Mezcla los ingredientes secos restantes junto con el aceite en un recipiente. Añade lentamente el agua. Amasa la mezcla hasta que se forme una bola. Luego, agrega la harina restante.

- $\frac{1}{2}$ taza de agua
- $\frac{1}{2}$ taza de azúcar
- $1\frac{1}{2}$ tazas de harina
- 3 cucharadas de aceite vegetal
- colorante de comida rojo

Los electricistas deben controlar dos tipos de corriente. ¿Recuerdas a Faraday? Él descubrió que mover un imán cerca de un alambre creaba un campo eléctrico. Era el movimiento el que era fundamental. Cuando el imán cambia de dirección, la corriente también cambia de dirección. Alterna hacia delante y hacia atrás, hacia adelante y hacia atrás. Es por esto que la llamamos *corriente alterna (CA)*. Es la forma que se usa para dar energía a los hogares.

La corriente cambia de dirección a diferentes frecuencias. En Estados Unidos, la CA tiene un ciclo de 60 veces por segundo. Otros países utilizan diferentes frecuencias. A los electricistas les gusta usar CA porque pueden usar voltajes altos con pequeñas corrientes. Esto reduce la cantidad de energía que se pierde cuando la corriente se traslada por el tendido eléctrico y hasta los hogares. Y eso es siempre una buena idea, ¡sin importar hacia dónde fluye la corriente!

Lo creas o no, esta es una imagen de las luces de la ciudad fotografiada de noche durante un largo período. Las líneas punteadas revelan que estas luces funcionan con corriente alterna.

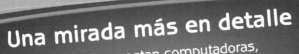

Una mirada más en detalle

Los enchufes de CA conectan computadoras, electrodomésticos y otras máquinas a la corriente alterna en nuestros hogares. Diferentes países tienen diferentes formas, tamaños y tipos de conectores. Todos los enchufes tienen al menos dos patas, de forma que la electricidad pueda fluir en círculo.

¡Ten cuidado! Nunca conectes otra cosa que no sea un enchufe en un tomacorriente. ¡Y aun con eso ten mucho cuidado!

En una batería, las corrientes eléctricas solamente fluyen en una dirección. Esto se denomina *corriente continua*. Las baterías son otra forma de controlar la electricidad. Pueden proporcionar energía para relojes, teléfonos celulares y hasta computadoras portátiles. Todos los años les encontramos nuevos usos.

Alessandro Volta es el hombre detrás de la palabra *voltio*. Descubrió que se podía crear una corriente eléctrica a partir de reacciones químicas. Poco tiempo después, se inventó la primera batería. Existen baterías de muchas formas y tamaños. Una batería de reloj es pequeña y redonda. La batería de un automóvil es grande y cuadrada. Pero todas las baterías tienen el mismo diseño básico. En cada extremo de la batería, hay un terminal. Un terminal es negativo. El otro es positivo. Una reacción química en el terminal negativo libera electrones. Una reacción química en el terminal positivo absorbe electrones.

Las linternas funcionan con baterías. Un cable sale de la batería hasta la bombilla. Otro cable va desde la bombilla de regreso a la batería. Al encender el interruptor, se completa el circuito. Una corriente va desde el terminal negativo hasta la bombilla. Desde allí, la corriente llega hasta el terminal positivo. Y después pasa hasta la batería, al terminal negativo. La bombilla se enciende. ¡A brillar!

¡Recárgalo!

Todas las baterías se agotan. Las reacciones químicas se detienen. Pero algunas baterías pueden recargarse. Se hace pasar una corriente en la dirección opuesta. Esto revierte las reacciones químicas. Entonces puedes usar las baterías nuevamente.

Táctica de choque

Las anguilas eléctricas son peces depredadores. Crecen hasta 8 pies de largo y viven en los ríos de América del Sur. En el cuerpo tienen miles de células que actúan como pequeñas baterías. Juntas, dichas células generan una corriente. Esta es lo suficientemente fuerte para producir una descarga y matar animales pequeños.

Brillo eléctrico

Las luces brillan. Las señales de cruce de peatones parpadean. Los edificios resplandecen. Al mirar las luces de la ciudad de Nueva York, algunos quizás vean un bello paisaje. Pero los científicos ven el maravilloso fluir de los electrones. Ven las corrientes eléctricas transfiriendo energía, fluyendo por encima, por debajo y alrededor de nosotros. Los electrones iluminan las calles, las ciudades y los hogares. Nos permiten leer hasta tarde por la noche y nos ayudan a despertarnos por la mañana. Los electrones encienden nuestro mundo.

Tierra electrificada

En 1899, Nikola Tesla usó la tierra y el aire del planeta para enviar 100 millones de voltios de energía eléctrica a más de 25 millas. ¡Le dio energía a 200 bombillas eléctricas a esa distancia con solamente un motor!

Nikola Tesla produce arcos de electricidad de 7 metros (23 pies) en su laboratorio.

Piensa como un científico

¿Qué se siente completar un circuito eléctrico? ¡Experimenta y averígualo!

Qué conseguir

- alambre de cobre calibre 18
- alicate de metal
- limón
- papel de lija
- regla
- sujetapapeles de acero

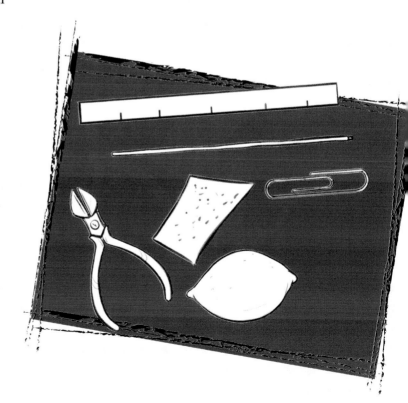

Qué hacer

1 Mide un pedazo de alambre de 5 centímetros (2 pulgadas). Córtalo con el alicate. Usa el alicate para retirar el aislante del cable.

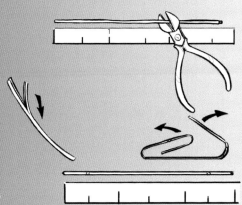

2 Desdobla y endereza el sujetapapeles de acero. Mide un pedazo de 5 cm (2 in) del sujetapapeles que enderezaste. Córtalo con el alicate. Pule los extremos afilados del alambre y el sujetapapeles con el papel de lija.

3 Aprieta el limón con las manos hasta que esté blando.

4 Inserta el alambre y el sujetapapeles en el limón. Ubícalos de manera que queden cerca uno del otro, pero que no se toquen.

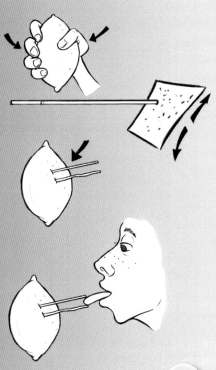

5 Humedécete la lengua con saliva. Levanta el limón y con la punta de la lengua toca los extremos del sujetapapeles y el cable. ¿Qué sientes?

Glosario

aislante: un material que permite que poco o nada de calor, electricidad o sonido entre o salga de algo

amperios: unidades para medir la velocidad a la que fluye la corriente eléctrica

campo: una región o espacio en el que existe un efecto o una fuerza

circuito: un recorrido completo que hace una corriente eléctrica

conductores: materiales u objetos que permiten que la electricidad o el calor se muevan a través de ellos

corriente: un flujo de electricidad

electrones: partículas con carga negativa en un átomo

fuerza: el empuje o la atracción de un objeto

orbitales: regiones alrededor de un núcleo de un átomo o molécula que puede contener cero, uno o dos electrones

presión: el peso o la fuerza que se produce cuando algo presiona o empuja contra otra cosa

propiedades: cualidades o características especiales de algo

reóstatos: dispositivos que se usan para controlar el flujo de la electricidad en un circuito eléctrico

vatios: unidades para medir la energía eléctrica

voltaje: la fuerza de una corriente eléctrica que se mide en voltios

Índice

¡Tu turno!

Agradecer

Tómate un momento para valorar la electricidad con una cena junto a la fogata. Invita a algunos amigos y a un adulto e intenta preparar una comida sin usar electricidad. ¡Significa que nada de horno, nada de refrigerador y nada de lavavajillas! Habla sobre lo que más extrañarías en un mundo sin electricidad y disfruta de tu festín.